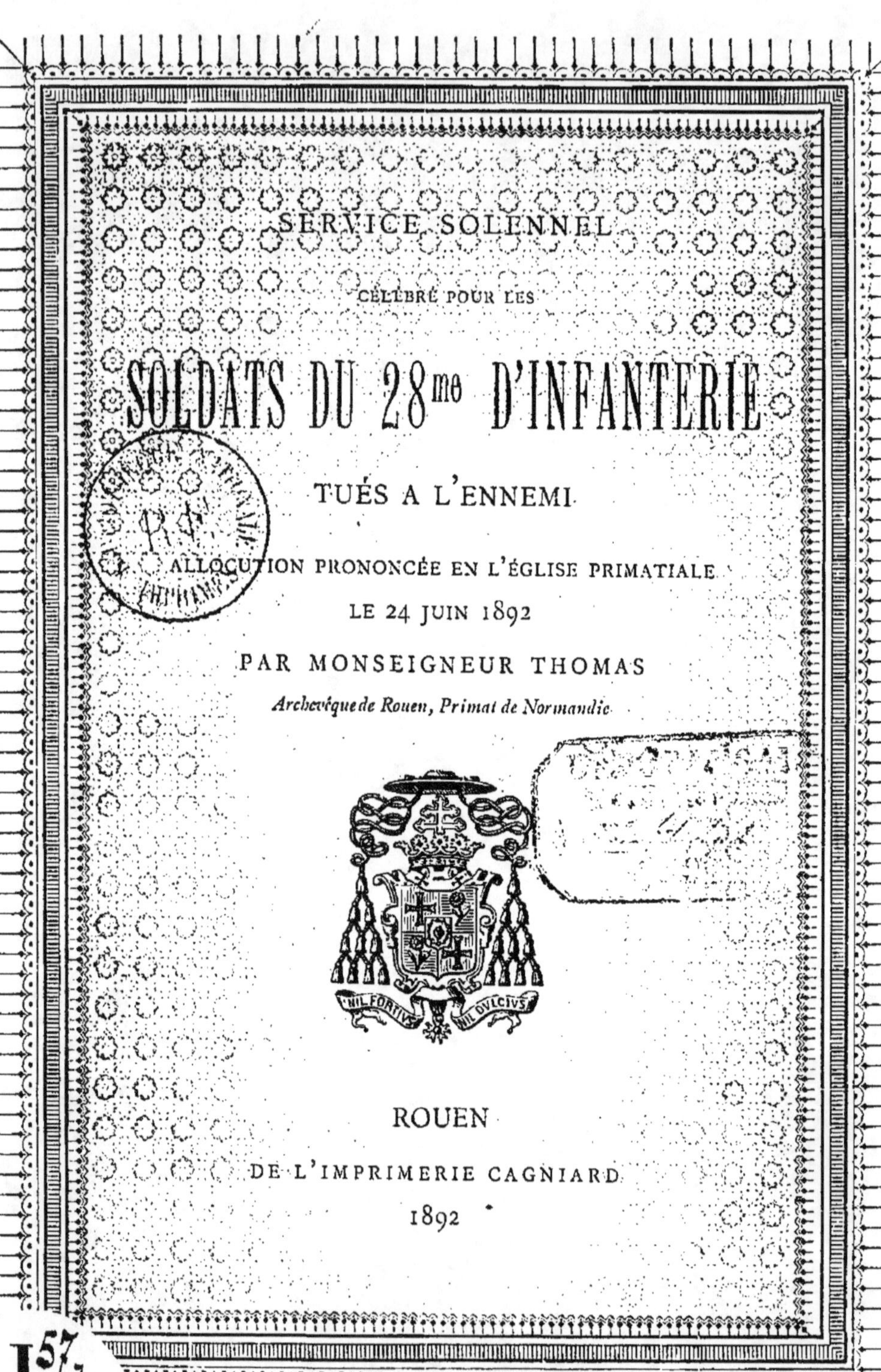

SERVICE SOLENNEL

CÉLÉBRÉ POUR LES

SOLDATS DU 28me D'INFANTERIE

TUÉS A L'ENNEMI

ALLOCUTION PRONONCÉE EN L'ÉGLISE PRIMATIALE

LE 24 JUIN 1892

PAR MONSEIGNEUR THOMAS

Archevêque de Rouen, Primat de Normandie

ROUEN

DE L'IMPRIMERIE CAGNIARD

1892

SERVICE SOLENNEL

CÉLÉBRÉ EN L'ÉGLISE PRIMATIALE DE ROUEN

LE 14 JUIN 1892

POUR LES SOLDATS DU 28ᵉ RÉGIMENT D'INFANTERIE

TUÉS A L'ENNEMI

SERVICE SOLENNEL

CÉLÉBRÉ POUR LES

SOLDATS DU 28me D'INFANTERIE

TUÉS A L'ENNEMI

ALLOCUTION PRONONCÉE EN L'ÉGLISE PRIMATIALE

LE 24 JUIN 1892

PAR MONSEIGNEUR THOMAS

Archevêque de Rouen, Primat de Normandie

ROUEN

DE L'IMPRIMERIE CAGNIARD

—

1892

ALLOCUTION

MESSIEURS,

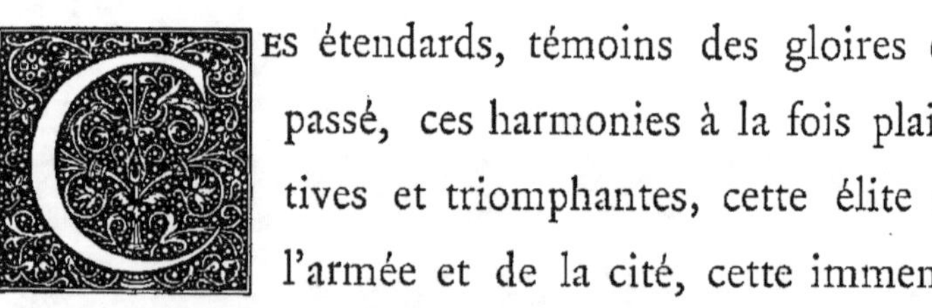

CES étendards, témoins des gloires du passé, ces harmonies à la fois plaintives et triomphantes, cette élite de l'armée et de la cité, cette immense assemblée toute vibrante de foi et de patriotisme, quels souvenirs et quelles espérances !

Je salue d'abord le long cortège des vaillants qui sont morts pour la France. Il me semble les voir

6

passer sous les voûtes de l’antique Cathédrale, et je crois les entendre provoquer leurs fils au même héroïsme et aux mêmes dévouements.

A ces appels d’outre-tombe, je puis répondre que les fils sont dignes de leurs pères, et je salue avec confiance l’avenir. Car vous avez les vertus qui font les armées victorieuses et les grands peuples : le courage, la discipline, l’esprit de sacrifice, l’honneur, mais surtout un amour de la patrie ardent, généreux, indomptable, qui se confond dans vos cœurs avec le culte du drapeau.

I

En effet, messieurs, l’étendard qui flotte à la tête de votre régiment est pour chacun de vous et pour tous l’image de la patrie. Cela paraît étrange, mais cela est. Il faut plaindre ceux qui oseraient en sourire. Oui, quelques morceaux d’étoffe, avec une hampe de bois plus ou moins travaillée et ornée, voilà le drapeau, voilà ce que les soldats français, a dit Napoléon, aiment avec tendresse « comme un présent reçu des mains d'une mère. » Leur âme, toute débordante de l'amour du pays, sort d'elle-même, se suspend et s'attache à cette hampe. Ils regardent le drapeau, et c'est la patrie qu'ils voient. Allez maintenant, jeunes soldats, la patrie vous accompagne. Quand vous passez la frontière, elle la passe avec vous, et la distance accroît le charme qui vous attire : plus même vous êtes loin de la terre natale, de son ciel et de ses horizons, plus le drapeau vous est cher, plus doucement, plus tendrement il incline vers vous ses ailes étendues, comme les bras de la patrie vers ses enfants.

On a dit cette parole, qui est presque un blasphème : « Où se trouve le bien-être, c'est là qu'est la patrie. » Ce n'est pas vrai, la patrie est avec le drapeau. Heureux ou malheureux, sur terre ou sur mer, dans les péripéties du combat ou dans les joies de la victoire, si le drapeau est là, vous avez la patrie. Le rayon qui se joue dans ses teintes tricolores, c'est un rayon du soleil de France ; le souffle léger qui en caresse les plis mouvants, c'est un souffle venu de France. Douce évocation de la patrie : que de cœurs elle a fortifiés et consolés, au milieu des plus dures épreuves et sur les plages les plus lointaines !

Aussi bien, ce qui plane au-dessus de vous, avec l'étendard, ce n'est pas seulement la pensée, le souvenir, l'amour d'une terre plus ou moins féconde, d'un ciel plus ou moins beau ; c'est l'âme de la France elle-même, éprise de liberté et d'idéal, intrépide et chevaleresque, superbe d'ardeur et d'entrain joyeux, enlevée au ciel sur les ailes des journées triomphales, et du sein même de la défaite, prenant un cœur plus vigoureux ; parée de couleurs diverses, selon les époques, d'abord étincelante de pourpre et d'or avec l'oriflamme de saint Denis, puis teinte dans l'azur de le bannière de France, enfin toute blanche avec l'étendard de la Pucelle et les enseignes de Henri IV ; toujours la même sous les trois couleurs maintenant réunies, donnant à l'avenir le mot du passé, montrant au passé une partie de ses aspirations réalisées, formant de l'ancienne France et de la France nouvelle une seule patrie, qui a besoin de l'amour de tous ses enfants et qui leur dit : Laissez là vos divisions, vos égoïsmes, vos haines, et souvenez-vous que si le courage fait les vainqueurs, la concorde seule fait les invincibles.

II

Le drapeau appartient à tous comme la patrie. Comme elle aussi, il appartient à chacun. Tel est le caractère propre de ces vastes amours, religion et patrie, que, s'ils élèvent le cœur humain à leur hauteur et le dilatent à leur mesure, néanmoins ils lui permettent de se faire dans leur immense domaine une part de prédilection. Ainsi, tandis qu'il déploie aux regards de tous le panorama de la patrie, le drapeau montre à chacun le coin de terre et le coin du ciel qu'il préfère. Pour l'enfant de nos campagnes, c'est le clocher du village au-dessus des grands arbres, la chaumière posée comme un nid parmi les pommiers en fleurs, la plaine où brille un soc de charrue, la colline où s'étagent les troupeaux. L'enfant des villes, avec moins d'horizon, n'a pas moins d'amour pour le

peu de place qu'il occupe et pour le rayon qu'il con-
tribue à bâtir dans ces ruches immenses qui s'appellent
les cités modernes. Et le régiment, que lui dira ce
drapeau qui porte son chiffre, qui s'appelle du nom
des grandes journées où l'on a vu vos devanciers et
vous-mêmes ? Il est bien à vous, et il est inaliénable.
S'est-il fané sous le soleil et sous la pluie; a-t-il
sombré dans les tempêtes des batailles ; on le rem-
place, mais une fois bénit par nous, une fois salué par
vous, c'est encore et toujours l'étendard du régiment.
Que représente-t-il donc qui vous soit particulier ? Il
rappelle les services que vous avez rendus à la France
et met sous ses yeux la part glorieuse que le 28ᵉ s'est
taillée dans la grande patrie : car la patrie n'est pas
toute faite dans le contour géographique de ses fron-
tières ; elle se fait au jour le jour par la main de ses
fils. Il faut les sueurs des fronts laborieux pour la
cultiver, les veilles du génie pour l'embellir et l'illus-
trer, les flots du sang de ses soldats pour la défendre,
l'agrandir, la rendre plus chère et plus sacrée. Si donc
la France est belle, si elle est digne de tant d'amour

et d'envie, c'est que, après Dieu qui l'a prédestinée à de grandes choses, les Français ont mis, à la façonner, toutes les délicatesses de leur esprit, toutes les générosités de leur cœur. Or, dans ce noble ouvrage, l'armée a un beau rôle, et vous pouvez vous rendre le témoignage d'avoir bien travaillé pour la patrie française. Les noms inscrits sur votre étendard parlent assez haut : Marengo, Austerlitz, Eylau, et d'autres encore ; ici, charges foudroyantes ; là, résistances stoïques, partout courage et mépris de la mort : voilà, depuis cent ans, ce que vous avez apporté au monument national. Soyez donc fiers de votre drapeau; il fait bonne figure parmi ses frères de l'armée.

J'ai lu qu'autrefois le lieutenant du colonel avait droit à un étendard bleu à revers blanc, avec cette inscription : « *Victoria pinget*, c'est à la victoire de le peindre. » Depuis longtemps, Messieurs, vous avez donné à vos drapeaux le coup de pinceau de la victoire; et si votre bravoure n'a pu conjurer les désastres de l'année terrible, certes, ce ne sont pas là des taches, mais seulement des ombres qui relèvent l'éclat des anciennes couleurs. Du reste, viendra le jour marqué par la Providence, où vous forcerez la victoire à achever le tableau brillamment commencé, un moment interrompu : *victoria pinget*.

III

Symbole de la patrie sous tous ses aspects, le drapeau est une chose auguste et sacrée. Je dis plus : il est quelqu'un. La passion patriotique a fait ce prodige de l'animer, de lui prêter une vie personnelle, de lui donner une pensée, un sentiment, un souffle, un regard, une voix et jusqu'à des pleurs. J'imagine que c'est l'âme du régiment tout entier qui palpite, là-haut, dans les plis de l'étendard, et qui renvoie à chacun le reflet de ses propres inspirations.

Voyez les honneurs qu'on lui rend dans l'imposante cérémonie que vous nommez le salut au drapeau. Les clairons sonnent, vous présentez les armes, et le colonel abaisse son épée... Ne sentez-vous pas qu'il y a là quelqu'un qui sympathise avec vous, qui reçoit vos hommages ? Et si le régiment s'est distingué par une action d'éclat, au point de mériter une récompense collective, à qui donner la croix ? Sans doute, officiers et soldats entendent de la bouche de leurs chefs un de ces ordres du jour qu'on retrouve à toutes les pages de votre livre d'or. Mais enfin qui portera l'insigne des braves ? Vous le savez : le régiment est décoré dans la personne du drapeau.

Voulez-vous prendre sur le vif cette personnification du drapeau ? Entrez par la pensée dans la fournaise d'une bataille. N'est-ce pas lui qu'on voit le premier ? Il s'élève au-dessus de la tête des combattants, frémit du même enthousiasme, s'élance avec la même ardeur. Il s'incline pour l'attaque et se redresse pour la défense. Si la victoire souffle du côté des siens, il s'enfle avec eux, d'un légitime orgueil. Si, au contraire, la déroute les a frappés d'un fatal engourdissement, il retombe le long de la hampe, morne et inanimé. L'heure est-elle seulement critique, le régiment semble-t-il hésiter et faiblir. Écoutez, on crie au drapeau, et dès lors, au lieu d'être un simple témoin du combat, il en devient l'âme, on dirait même qu'il est toute la bataille, à lui seul, et qu'on ne lutte que pour lui et par lui. Il est le regard qui anime, excite, enflamme, le sourire qui console les blessés et les mourants, la colère qui double l'audace des cœurs et la force des bras, la voix qui retentit sans cesse dans la mêlée pour soutenir tous les courages. Debout au milieu de ceux qui tombent, il ne tombera que le dernier. Est-il percé de balles, déchiré, criblé de blessures, il n'en est que plus beau pour fasciner les cœurs, plus éloquent pour faire entendre le suprême appel. Est-il triomphant, les soldats échappés à la mort oublient presque leurs membres mutilés et tant de vies sacrifiées, comme si le drapeau était le seul être qui ne dût pas mourir, comme si, lui vivant, le régiment vivait encore tout entier.

Parcourez nos annales, qu'il s'agisse de la chevalerie, de nos vieilles bandes du temps de Duguesclin ou de nos modernes régiments, toujours et à tout prix on a voulu sauver le drapeau. Celui qui le porte est-il blessé, il emploie le reste de ses forces et de ses membres à protéger son cher étendard. Il le presse convulsivement sur son cœur, puis il le passe à l'un de ses compagnons d'armes qui, à son tour, le saisit avec le même amour et le défend avec le même héroïsme. Regardez, ils sont là trois, quatre, cinq et plus encore, qui se succèdent dans le magnifique office de mourir pour lui. Jusque dans l'agonie, ceux qui ont succombé tendent les mains, comme s'ils cherchaient quelque chose, et ils expirent en murmurant : Le drapeau ! le drapeau ! Enfin, quand tout est perdu, on l'enterre et on le pleure comme un être chéri. Voilà ce qu'ont fait, en 1870, d'héroïques vaincus ; mais ils savaient que ces précieux restes ensevelis, c'était la gloire de la France qui attendrait, là, l'aurore désirée et déjà entrevue de la résurrection. Il importe peu que nos vainqueurs d'un jour aient cru à jamais éteinte la gloire de notre pays et sa force brisée. Insensés ! l'histoire aurait dû leur apprendre que la France ressuscite toujours, parce que le Christ aime la France et que la croix aime le drapeau français.

Il me plaît donc d'adresser le même salut d'honneur à ces deux étendards ; la croix ne s'en étonnera pas, et le drapeau n'a jamais peur du voisinage de la croix. Ils se connaissent depuis des siècles, pour avoir été frères d'armes sur tous les grands champs de bataille de la civilisation. Qui donc osera les séparer ? Il faudrait pour cela arracher la croix de la poitrine des braves et du cœur de tous les soldats de France restés fidèles à leur baptême. D'ailleurs, est-ce qu'il y a bien loin de la sainte folie de la croix aux sublimes témérités du drapeau ? Donnez-moi un vaillant chrétien, j'en ferai un soldat intrépide ; donnez-moi du sang de France, versé dans les combats, je le relèverai, comme disait Jeanne d'Arc, et je l'offrirai à celui qui est mort sur le champ de bataille du Golgotha.

Vous donc, soldats du 28ᵉ tombés dans la victoire ou dans la défaite, mais toujours au champ d'honneur, accourez de Marengo, levez-vous des plaines ensoleilées d'Austerlitz, secouez le linceul de la neige d'Eylau, descendez des collines de Staouéli et des remparts de Sébastopol, sortez des tombes encore récentes où vous dormez mal, sous l'œil des sentinelles ennemies, venez, venez. Vos camarades vous ont fait dans leurs souvenirs une sorte d'immortalité. Je vous en promets une autre, au pied de ces autels, d'où le sang de Jésus-Christ jaillit jusqu'à la vie éternelle, avec le sang des martyrs qui sont morts pour sa croix, et le sang des braves qui croyaient en lui et sont morts pour l'honneur du drapeau.

ROUEN — IMP. CAGNIARD — 1892